RÉPONSE

à la Brochure intitulée

LE *POUR* ET LE *CONTRE*.

A LONDRES.

1785.

PRÉFACE.

J'ÉTOIS informé que le POUR & le CONTRE étoit une Réfutation d'un PRÉCIS fur l'admiffion des Étrangers dans les Colonies : le titre de l'Ouvrage m'avoit féduit, & j'ai eu la plus grande curiofité de le lire : je penfois que l'Auteur pour mieux éclairer la Nation fur une matiere auffi importante, fe feroit montré également défintéreffé fur les deux partis ; qu'on n'auroit reconnu en lui ni un Commerçant ni un Colon, & qu'il ne fe feroit attaché qu'à plaider pour la profpérité nationale ; du moins c'étoit l'idée que je m'en étois formée d'après le titre impartial de fon Ouvrage.

Nous ne ferons pas d'accord, l'Auteur de la Brochure & moi, fur les principes ; mais il y aura encore cette différence entre nos deux Ouvrages, c'eft qu'en m'annonçant pour défendre le PRÉCIS qu'il attaque, je ne défendrai que la caufe de la Nation ou la fortune publique : au lieu que l'Auteur du POUR & du CONTRE, tout en difant qu'il falloit féparer l'intérêt du

Commerçant & du Colon de l'intérêt du Commerce, de l'intérêt de la richesse nationale, n'a paru plaider que pour le Colon.

Je suis infiniment flatté d'avoir occasion de m'instruire avec cet Anonyme : je n'ai point encore l'honneur d'être inscrit dans la liste de ceux qu'il appelle *les inflexibles Professeurs des Loix prohibitives* ; mais j'ai étudié sous eux. J'ai comparé ses principes aux leurs, & par cette comparaison j'ai été à portée de me décider, ou à rester du parti de mes Professeurs, ou à me ranger sous ses enseignes : mon choix est fait : je demeure attaché à la doctrine de mes premiers Maîtres, & cette Réponse sera ma profession de foi.

PREMIERE LETTRE

A L'AUTEUR

DU *POUR* ET DU *CONTRE*.

MONSIEUR,

L'AUTEUR du texte y va tout bonnement : il eſt franc dans ſes expreſſions comme dans ſes principes : il a dit une grande vérité en peu de mots : il n'y a perſonne qui ne l'ait entendu, & vous n'avez fait, Monſieur, que confirmer cette vérité par votre Commentaire.

Vous ſavez mieux que moi que les Colonies ont d'abord été occupées par des aventuriers qui couroient le monde, non pour l'honneur des Dames, mais pour s'enrichir. Les Colonies ont enſuite été vendues à des Engagiſtes, deſquels M. Colbert les a rachetées. Il en confia l'exploitation à une Compagnie : il lui donna un privilege excluſif. La Compagnie monopoleuſe ne proſpéra point (heureuſement pour le commerce) ; M. Colbert rembourſa la Compagnie, paya trois à quatre millions de dettes qu'elle avoit faites, rendit les Colonies libres, en ouvrit le commerce à toute la Nation, & en exclut les étrangers. C'eſt de cette époque que les Colonies ont commencé à profpérer. Sans le fecours de la Métropole, fans tous ces moyens de travail, fans les engagés, fans les noirs que nous n'avons ceſſé d'y porter, les Colonies ne feroient encore qu'un peu de boue & de limon, ou bien elles auroient été fertiliſées par d'autres Nations, qui, à juſte titre, s'en feroient regardées comme les créatrices. L'Auteur a donc eu raifon de dire qu'elles ont été créées par la Métropole.

Sa feconde affertion n'eſt pas moins vraie : *elles ont été créées pour la Métropole* n'eſt pas la même chofe, Monfieur, que ce que vous vouliez qu'il eût dit qu'elles doivent exifter *pour fa plus grande utilité poſſible* : toute la différence, c'eſt qu'il le dit peut-être mieux & en moins de mots.

Je conviendrai avec vous que les Anglais ont fourni à la Guadeloupe une grande quantité de noirs, pendant les trois années qu'ils en ont été les maîtres ; mais ils nous ont rendu cette conquête à la paix de 1763, & la Métropole a repris tous fes droits vis-à-vis de fa Colonie. Si les Anglais euffent confervé la Guadeloupe, ils en auroient écarté l'étranger comme ils les écartent de la Grenade & de toutes leurs Colonies.

Ce rapport eſt naturellement établi, & l'Auteur a encore fur vous dans cet article, le mérite de la précifion

II.

Elles lui font utiles, parce qu'elles confomment le fuperflu de fes productions & qu'elles que vous paroiſſez lui conteſter ; car vous dites en cinq lignes ce qu'il a dit en trois.

Ici votre opinion diffère, Monſieur, & vous avancez qu'on peut admettre la coopération de l'Etranger, *ſi de l'action de ce dernier, la richeſſe du Royaume peut, à l'aide des Colonies, recevoir encore une augmentation notable* : ſi vous le prouvez, vous aurez gain de cauſe ; mais c'eſt à la preuve que je vous attends.

J'ignore ſi les Colons, comme vous le dites, ont été dans le cas de perdre beaucoup avec les Commerçants de France, mais cela doit arriver très-rarement : ils vendent à l'Amérique leurs denrées preſque au comptant, & ceux qui les envoient vendre en France, ont l'attention de mettre leurs Commiſſionnaires en de telles avances, que ceux-ci ſont preſque toujours leurs Créanciers, avant & après la vente de leurs marchandiſes.

Je dois pourtant convenir qu'il y a pluſieurs Colons qui ne demandent jamais d'avance ; mais j'ajouterai,

Apparent rari, &c.

L'Auteur convient avec bonne foi, que ſous le régime prohibitif, *les Négociants Français ont proſpéré en particulier, & le* Royaume en général : il ne ſépare point l'intérêt du Commerçant de celui de l'Etat : ces deux intérêts tiennent l'un à l'autre, & nous ne devons les ſéparer que lorſque le premier ſera en contradiction avec le ſecond. Alors c'eſt l'intérêt de l'Etat qui doit prévaloir :

---

lui fourniſſent en échange les productions de leur cru.

III.

Les Agents de ces échanges réciproques ſont les Négocians de la Métropole.

IV.

Il n'y a pas une de nos Colonies qui ne ſe ſoit formée & ſoutenue par les avances continuelles que lui a fait le Commerce de France ; avances qui en très-grande partie ſont tombées en pure perte pour les Négocians, par la mort ou l'inſolvabilité des Colons.

V.

Malgré cela le Commerce de France a proſpéré, parce que ſes pertes ont été couvertes par les profits qu'a donné le régime prohibitif, &c. &c. &c.

vos principes en apparence font les mêmes ; mais dans le fonds ils font bien oppofés. Déja votre fyftême va commencer à percer, & votre fecret va vous échapper comme malgré vous. *Il n'y a pas*, dites-vous, Monfieur, *de néceffité à concentrer immédiatement les denrées des Colonies dans les Ports du Royaume, pour ce qui excéderoit fa confommation.* Avez-vous bien réfléchi aux conféquences d'une pareille opinion ? Permettez que je vous expofe la doctrine de ceux qu'il vous a plu appeller *Profeffeurs*.

Tous les ans il arrive des Colonies dans les Ports de France, pour plus de 150 millions de marchandifes, dont les deux tiers paffent & fe confomment à l'Etranger. Voilà donc l'Etranger, pour ce feul article, tributaire de la France, de 100 millions tous les ans.

Pour l'exportation des denrées des Colonies, il nous faut fix cents Navires, & nous les armons chaque année. Si vous penfez qu'il ne foit pas néceffaire que nous recevions au-delà de notre confommation, voilà donc quatre cents Navires à réformer, puifque deux cents fuffiront. Six cents Navires occupent quinze mille Matelots ; leurs armements & défarmements peuvent aller à 25000 liv. l'un dans l'autre. Voilà donc un moindre emploi de dix mille Matelots, & 10 millions de moins en falaires pour les gens de mer, pour ceux de journée, pour les artifants, &c. &c. Si j'allois préfentement calculer le vuide que ce retranchement de falaires produiroit dans les confommations de l'agriculture, je vous ménerois loin. Voilà certainement une affertion que vous n'avez pas combinée avec l'intérêt national,

J'admire

J'admire la précision de l'Auteur : en disant cela, il n'a pas dit que les Colonies fussent stériles, que le sol fût ingrat. Il rend un hommage tacite à la fécondité du sol : *mais le progrès des Colonies n'est pas dû tout entier à l'incroyable fertilité d'un sol, dont toutes les productions ont une faveur décidée dans les marchés de l'Europe.* Il y a une cause première, la culture ; le sol le plus fertile ne produit rien de rien : la chimère de l'âge d'or est passée : nous ne croyons plus à ces ruisseaux de lait & de miel, qui dispensoient l'homme du travail : les fruits ne viennent plus sans culture : le trésor qui nous reste de toutes les fables de l'âge d'or, c'est le travail : La Fontaine l'a dit,

Et le travail est un trésor.

Mais les instruments du travail, qui les a portés aux Colonies ? La Métropole. Qui a peuplé ces Colonies ? La Métropole. Qui leur a fourni les bras nécessaires à la culture ? La Métropole. Qui les a secourues, protégées, défendues ? C'est encore la Métropole. Oui, Monsieur, c'est le commerce de France qui a porté les premiers Noirs qui ont défriché la terre, qui ont abbatu ces vieux chênes qui existoient depuis des siècles : c'est le commerce de France, qui a mis les Colons à portée de tourmenter leur terre pour la rendre féconde : la Colonie à son tour, a enrichi le commerce & la Métropole par le tribut de ses denrées, en échange de celles que nos manufactures lui ont portées. Cet échange subsiste encore : il est admirable : & tous ces rapports réciproques composent cette chaîne immense, qui lie la Colonie avec la Métropole :

B

les Vaiſſeaux ſont les Ponts par leſquels la France & ſes Colonies ſemblent ſe toucher : que cette harmonie eſt délicieuſe, Monſieur ! Comme ces rapprochements, dûs à l'art de la navigation & du commerce, ſont intéreſſants ! Et vous voudriez nous perſuader, qu'il ſeroit utile à la Nation que les Etrangers vinſſent couper cette chaîne, & interrompre ce Pont, que notre induſtrie a jetté ſur les mers.

Si les Colonies ſe ſont enrichies ſous l'origine des loix prohibitives, elles peuvent donc continuer à s'enrichir par la même voie, & avec les mêmes ſecours.

Pourquoi contredire un fait qui eſt plus fort que tous les raiſonnements? La vérité dépoſe contre vos aſſertions: que cette vérité eſt puiſſante! On a beau renverſer tout ce qui eſt autour d'elle, elle eſt inébranlable : elle eſt toujours debout au milieu des débris, ſemblable à ces colonnes qui ſurvivent à la deſtruction du Temple dont elles faiſoient le ſuperbe ornement. Pourquoi vous livrer à une ironie plus affligeante qu'elle n'eſt gaie? Pourquoi nous faire déraiſonner? Il n'eſt pas un Commerçant de la Métropole, qui ne faſſe des vœux pour que les Colons, moins entraînés par leur généroſité, ne dépenſent plus au-delà de leurs revenus : ce n'eſt point la nourriture des eſclaves, ce ne ſont point les frais de culture qui ont obéré les Colons : c'eſt leur dépenſe dans la Métropole, & cette dépenſe quelquefois a été exceſſive : ce n'eſt ſûrement pas l'admiſſion de l'Etranger dans la Colonie, qui remédiera à leurs prodigalités.

Comme cet aveu eſt ſimple & plein de candeur ! Comment y répondez-vous , Monſieur ? Vous allez choiſir l'époque la plus déſaſtreuſe , la guerre de 1754, où le commerce fut frappé avant d'avoir pu prévoir les coups qu'on lui a portés. La Guadaloupe fut conquiſe : la Martinique réſiſta long-temps : les Etrangers ne furent pas admis , mais il fut accordé des paſſeports aux Hollandois ; la Hollande fit beaucoup d'expéditions , & les Anglois n'en reſpectèrent aucune, & ils confiſquèrent même les Navires de leurs Alliés. Cependant, Monſieur , dans ce même temps la Martinique ſubſiſta : ſes braves Colons firent plus de treize cents priſes aux Anglois, & leur courage nourrit leur Colonie. C'eſt un hommage que je leur rends avec bien du plaiſir : qu'il ſeroit fâcheux pour la France, de perdre une Colonie dont les Habitants ont déployé tant de valeur, & dont l'honneur eſt le principal caractère !

Ce n'eſt point ici le lieu d'examiner ſi l'admiſſion preſque illimitée des Navires neutres pendant la dernière guerre, a fait du bien ou du mal à la Métropole : mais ce qu'il y a de certain, c'eſt que le Commerçant Français reſſent encore les effets de la plaie profonde que leur admiſſion a cauſée au commerce de la Métropole. Mais pourquoi voudriez-vous que la France ne pût point en temps de guerre, porter à ſes Colonies leurs beſoins ? Nos ennemis ont bien ſuffi aux leurs : il y a ſûrement une raiſon pour cela ; cette raiſon, la voici. Les Anglais font tout le commerce qu'ils peuvent faire : leur navigation eſt plus conſidérable que la nôtre : il faut donc augmenter

VII.

On a cru en France devoir déroger aux loix prohibitives pendant la guerre ; mais il n'avoit pas encore été propoſé de permettre l'entrée dans nos Colonies aux Etrangers en tems de paix.

notre navigation : il faut augmenter notre pêche.

Je vous demande ſi la permiſſion aux Etrangers, de porter à nos Colonies des bœufs & de la morue, eſt propre à favoriſer notre navigation & notre pêche? Je vous demande ſi réduire la Métropole à ne recevoir de ſes Colonies, que ce qu'elle peut conſommer de leurs denrées, ſeroit un moyen d'augmenter la Marine nationale? Je vous demande encore ſi la permiſſion aux Etrangers de porter de la farine, comme vous n'allez pas tarder à le dire, ſeroit un moyen d'accroître notre navigation? Par cette permiſſion, vous perpétuerez donc la dépendance où vous prétendez que nous ſommes de l'Etranger, pour la fourniture de nos Colonies en temps de guerre? Il vous ſera difficile de vous tirer de-là : je vous renferme dans le cercle de vos principes, il faut que vous nous répondiez avant d'en ſortir : vous nous prêtez des armes, puiſque nous vous combattons avec vos mêmes opinions.

VIII.

Les Nations Etrangères qui poſſédent comme nous des Colonies aux Antilles, & ſur le continen de l'Amérique, n'y ont jamais donné entrée en aucun tems, n'y ſous aucun prétexte à d'autres qu'aux Nationaux; c'eſt pourtant bien là le cas de la réciprocité, cela ſeul devoit décider la queſtion.

On vous cite là un grand exemple, Monſieur ; ce concert unanime de toutes les Nations, eſt bien frappant : cette uniformité de principes & de légiſlation, à la fois chez tous les peuples & dans tous les temps, eſt une vérité bien impoſante. Vous reconnoiſſez l'antiquité de ces maximes, & leur exacte obſervation chez nos voiſins. Comment y répondez-vous ? *Il nous ſemble, dites-vous, qu'il ne ſeroit pas pour cela démontré abſolument, que la Nation qui voudroit ſe ſingulariſer en ſe ralliant au vrai, dût être néceſſairement dans le cas de s'en repentir : & pourquoi n'en pas faire l'eſſai, ne fût-ce que par curioſité?*

Peut-être aussi seroit-il plus décent de préférer l'observation à l'habitude d'imiter, si anciennement & si justement décriée, comme ne laissant pas assez d'intervalle entre l'homme & le bétail.

Certainement, Monsieur, vous n'avez pas voulu parler sérieusement : vous avez voulu égayer une discussion un peu sèche, par une plaisanterie : mais vous êtes-vous flatté de faire rire les bons esprits ? Avez-vous pu croire qu'ils applaudiroient à l'essai que vous proposez de faire ? Vous voulez exposer au succès d'une expérience, la prospérité de tout un Royaume ; d'une expérience, que l'usage de toutes les Nations proscrit, que les vraies maximes condamnent, & dont toutes les législations annoncent le danger.

C'est ici que votre style se serre, pour que les vérités en sortent avec plus d'éclat.

Les Loix du Commerce, dites-vous, ont été écrites sous la dictée des Commerçants ; & nous en conclurons, que le consentement unanime de toutes les Nations de l'Europe aux Loix prohibitives du commerce étranger dans les Colonies, loin de présenter un témoignage imposant en faveur de ces Loix, est plutôt contre elles un préjugé légitime ; par la raison, que pour faire des Loix, il faut au moins être juste : que pour être juste, il faut au moins être désintéressé ; & pour être désintéressé, il faut au moins n'être pas Marchand.

Vous supposez sans doute que ces Loix ont été écrites sous la dictée des Commerçants, parce que ces Loix leur sont profitables ; & vous fondez votre présomption sur cet axiôme de droit, *que celui là peut être raisonnablement foupçonné d'une action , à qui l'action apporte profit.* Je pourrois vous répondre que M. Colbert, que son expérience avoit éclairé sur les abus , & les inconvénients de l'admiſſion des Etrangers dans les Colonies, a promulgué les premières Loix prohibitives , & qu'il n'a pas eu befoin du concours des Négociants. Mais votre manière de prouver me féduit , & je veux à mon tour vous repliquer. Une Loi qui contrarie tous les principes reçus jufqu'à ce jour , une Loi oppofée aux maximes pratiquées par toutes les Nations, n'apporte point avec elle un préjugé légitime en fa faveur , parce qu'alors elle paroît l'ouvrage de la follicitation , & avoir été arrachée par l'importunité : or celui qui follicite une Loi nouvelle , doit au moins être jufte : pour être jufte, il faut au moins être défintéreffé : & pour être défintéreffé , il faut au moins n'être pas Colon. Il me femble , Monfieur, que dans cette manière de raifonner, il y a autant de logique que dans la vôtre : car en confcience, pourriez-vous affurer que l'intérêt du Colon n'a aucune part à tout ceci ? c'eft une queftion que je prends la liberté de vous faire.

IX.

On propofe aujourd'hui l'entrée dans nos Colonies pour les Anglo-Amériquains.

Vous avez raifon de dire, Monfieur, que cette propofition n'eft pas de fraîche date : fans citer toutes les époques où elle eût lieu , je me bornerai à vous citer celle de 1775. Vous devez avoir confervé le fouvenir des vingt - deux conférences tenues chez M. de Sartine, auxquelles affifterent les Députés des Colons, & ceux des Chambres de Commerce : les Colons n'ont pas plus oublié ces conférences, que Junon n'oublia le jugement de Pâris ; mais comme il eſt peut-être pluſieurs de nos Lecteurs qui n'en ont pas eu connoiſſance, qu'il me ſoit permis de dire en deux mots le réſultat de ces conférences. Le Miniſtre fut convaincu de la néceſſité des Loix prohibitives, les Députés des Colons reconnurent leur dépendance, & les deux entrepôts établis en 1767, ne furent prorogés que pour 18 mois, pour donner à la Métropole le tems de prouver qu'elle pouvoit fournir tous les articles néceſſaires aux Colonies.

Vous répondez, Monſieur, que c'eſt pour aſſurer la ſubſiſtance des eſclaves par des verſements, qu'il ſera d'ailleurs impoſſible d'empêcher déſormais. Vous ſuppoſez toujours qu'il nous eſt impoſſible de porter ces ſubſiſtances : comment les eſclaves ont-ils ſubſiſté juſqu'à préſent ? La Métropole ne manque ni de vaiſſeaux, ni de moyens pour approviſionner ſes Colonies. Les Colonies n'acheteront pas à meilleur marché de l'Etranger, quand celui-ci ſera le ſeul vendeur du bœuf & de la morue : cette admiſſion des Etrangers n'a d'autre prétexte que le meilleur marché & le plus bas prix ; les Colons en conviennent ; mais il pourroit arriver qu'ils ſe ſeroient trompés ſur ce moyen. *Il ſera,* dites-vous, *impoſſible d'empêcher déſormais les verſements frauduleux,* il n'étoit donc pas beſoin d'une Loi qui les permît, & qui conſacrât cette liberté : vous conviendrez que cette impoſſibilité d'empêcher la fraude peut inquiéter le commerce ; car s'il étoit impoſſible d'empêcher les verſements des bœufs & des morues, uand l'Etranger étoit éloigné, comment empêchera-t-on

Nous ignorons quelle eſt la politique qui engageroit le Gouvernement à accorder une ſi grande faveur à ces nouveaux Républicains ; mais nous oſons dire qu'elle eſt telle, que rien au monde ne peut lui être comparé : pour en juger il faut ſe faire une idée du tort que nous en recevons.

l'introduction des marchandises qui ne lui font pas permifes quand il aura la liberté de fréquenter librement les ports ? Il faut que par une fuite de vos principes, vous conveniez que l'exécution des précautions que l'Adminiftration a prifes eft impoffible, & que les craintes de la Métropole font fondées.

XI & XII.

Ces deux articles roulent fur l'introduction des marchandifes que les Etrangers porteront en fraude, avec une profufion qui excluera tous les envois de la Métropole.

En réponfe, Monfieur, à ces deux articles, vous dites *que vous ferez bientôt au moment de prouver que les dommages annoncés par le verfement des toiles étrangeres, feront auffi peu à craindre dans l'hypothèfe d'une prohibition tempérée, qu'ils feroient inévitables dans celle d'une prohibition abfolue.* Attendons donc jufqu'à ce moment ; mais je vous avoue que j'aurai toujours de la peine à concevoir que la contrebande foit plus difficile à faire, quand les parties intéreffées feront face à face, que lors qu'il étoit défendu aux Etrangers d'approcher de nos Colonies. J'ignore ce qui fe pratique à Dunkerque, au fujet des envois que vous dites s'y faire de toiles étrangères pour les Colonies : mais fi cette contravention exifte, je ne tarde pas à prononcer qu'elle eft très-puniffable, parce qu'elle eft deftructive de nos manufactures, & qu'elle opère juftement le mal que la Métropole a intérêt d'empêcher ; c'eft un abus très-grand : mais on ne remédie pas à un abus, en fourniffant aux Etrangers les occafions de le multiplier.

XIII.

Nous difons donc qu'ouvrir nos Colonies aux Anglo - Américains, c'eft les

Quand l'Auteur a écrit, il ignoroit que l'Arrêt du 30 Août dont on n'a eu connoiffance que plus de deux mois & demi après, ouvroit les Colonies à tous les Etrangers.

Vous

Vous ne trouvez point d'inconvénient à cette admission si l'interposition de l'acteur étranger, quel qu'il soit, ne doit avoir lieu que pour le cas où cette interposition sera évidemment utile à la fortune nationale. On ne peut pas dire une plus grande vérité : mais je vous attends à vos preuves, & je n'hésite pas à vous répondre d'avance, que dans tous les cas cette interposition ne peut qu'être très-nuisible, parce qu'elle contrariera toujours la richesse publique ou la fortune nationale.

Vous n'êtes point satisfait des raisons que l'on vous donne dans cet article : cependant si vous eussiez voulu réfléchir sur les effets du commerce de luxe, & du commerce d'économie, vous auriez vu que l'Auteur vouloit vous dire, que certaines Nations qui font un commerce d'économie, naviguent à meilleure composition que nous. Le régime de leurs Amirautés leur impose moins de frais ; notre manière d'armer est plus coûteuse ; un plus grand nombre de Mousses & de Novices, des Engagés que nous sommes obligés de porter, ou le paiement de 360 livres, la modicité des passages du Roi fixés à la moitié des passages ordinaires ; la nécessité d'embarquer un Chirurgien même dans les plus petits Navires, les droits de pilotage, ancrage, les frais de congé, passeports de M. l'Amiral à renouveller plus souvent, le remplacement des déserteurs aux Colonies, d'autant plus coûteux que les gages acquis jusqu'au jour de la désertion, sont versés dans la caisse de la Marine ; tous ces objets accumulés renchérissent nos armemens, & augmentent le prix de

---

la marchandiſe , ajoutez encore les ſalaires très-hauts de tous les ouvriers dans nos ports maritimes : voilà, Monſieur, ce que l'Auteur auroit ajouté , s'il n'avoit pas voulu être concis ; & s'il avoit prévu que ſon ouvrage ſeroit diſcuté & mis ſous les yeux du Public : car vous ſavez comment ſon manuſcrit lui a été dérobé.

Mais la fin de votre réponſe à ce même article m'a paru d'un ſingularité vraiment piquante ; je ſuis bien curieux de voir comment vous pourvoirez *à l'entretien des forces navales*, quand le commerce des Colonies aura ſouffert une diminution conſidérable, *& qu'on aura eſſayé pour le faire du ſervice des étrangers*, comme vous le conſeillez : je vous avoue que la fin de votre paragraphe m'a particu-lierement intéreſſé , & dans le cas où vous oublieriez de nous indiquer ces moyens, je vous promets de vous en faire reſſouvenir : mais vous ne l'oublierez pas, & l'article ſuivant va nous en convaincre.

C'eſt ici, Monſieur, que nous nous arrêterons quelque temps : car vous y tirez le rideau tout-à-fait , & vous vous déclarez entièrement l'adverſaire du Commerçant Français, vous nous révélez une vérité que juſqu'à préſent nous avions bien ſoupçonnée, mais que vous n'aviez pas encore prononcée avec autant d'éclat. Je vous préviens que j'examinerai ſcrupuleuſement tout ce que vous répondez à cet article quinze, & comme je plaide pour les deux partis , je défendrai, ſi je peux, celui que vous aurez opprimé.

Votre allégation que *la navigation nationale a été,*

fous l'Administration actuelle, affranchie de toutes les charges dont on se plaignoit dans nos ports, ne peut s'accorder avec tout ce que je vous ai dit dans le paragraphe précédent, & ce que j'ai dit est très-vrai : les Armateurs vous répondent que tant que les charges subsisteront, leur désavantage existera, quand on les exposera à la concurrence avec les Etrangers.

Il seroit bien malheureux, Monsieur, que les Armateurs Français cessassent leurs armements, & qu'un commerce qui emploie six cent Navires & près de vingt mille Matelots, passât à l'étranger : si dans ce moment-ci les craintes du Commerce lui font prévoir la cruelle nécessité de diminuer ses armements & peut-être de les cesser, vous pouvez être assuré, qu'il ne prendra ce parti qu'à la dernière extrémité : en attendant il confie au Gouvernement ses craintes, il dépose dans le sein de l'Administration ses allarmes. Si l'Armateur n'a plus à choisir qu'entre se ruiner s'il continue, ou ruiner son pays s'il cesse, vous devez convenir que le choix est terrible à faire. L'Auteur du Précis justement effrayé des deux écueils au milieu desquels le commerce marche aujourd'hui, se permet de prévoir ce qui arrivera. Observez, Monsieur, que ce sera pour l'Armateur un parti forcé : il n'est pas de pere de famille qui consente à sacrifier sa fortune, & celle de tous les siens, à la continuation d'un commerce où il verroit une ruine évidente. Dans une pareille position, on ne peut pas même délibérer ; la nécessité, l'intérêt de soi-même, la conservation de son honneur, tout entraîne : on peut même dire qu'il n'y a plus de choix, parce qu'il n'y a plus de liberté ; la nécessité

résulte évidemment que s'il y a une Nation en Europe qui ait un grand intérêt à conserver ses Colonies sous le régime des loix prohibitives, c'est la France ; & par une fatalité dont rien n'approche, c'est la seule qui en néglige l'exécution.

commandera , & les armements cefferont : l'admiffion des Etrangers donnera des chaînes à l'Armateur , & elle élevera entre le Colon & lui une barriere contre la profpérité nationale. C'eft fous ce point de vue, Monfieur, que je vous prie de confidérer ce que nous prévoyons tous de la diminution prochaine des armements & de leur ceffation un jour.

De pareilles circonftances feroient bien affligeantes pour la Nation , & je ne crois pas que ce foit le cas de s'écrier comme vous faites , & du ton le plus exalté , *quelle heureufe occafion pour effayer de l'office desEtrangers en leur accordant la libre navigation de nos Colonies !* Je ne fais pas , Monfieur , fi vous êtes Colon : je vois bien que vous n'êtes pas Commerçant. Mais je douterois de votre patrie même , fi l'élégance avec laquelle vous écrivez, ne m'affuroit pas que vous êtes Français. Mais fi vous êtes Français comment pouvez - vous appeller *Heureufe* une occafion d'enlever à la France le plus beau commerce qui ait jamais exifté : de détruire la profpérité de 24 millions d'ames , de ruiner tous les ateliers maritimes , de livrer à la plus affreufe indigence un million d'êtres que la navigation des Colonies fait fubfifter ? Je vois bien , Monfieur , que vous ne vous êtes pas promené dans nos Ports , vous n'avez pas encore apperçu tous les rapports de cette chaîne immenfe , qui lie la profpérité de prefque tous les états à la profpérité du commerce maritime. Vous n'avez point mefuré ce cercle dont le centre eft par-tout , & dont la circonférence s'étend aux extré-mités du monde. Vous n'avez point apperçu tous les reſſorts de cette étonnante machine , & dont il ſeroit bien fâcheux que le mouvement s'arrêtât. Je ſuis perſuadé que vous gémiriez le premier des effets de cette accablante révolution ; il ne faut être que citoyen pour être effrayé d'un pareil déſaſtre ; ce ſeroit, Monſieur, le plus grand malheur qui pût arriver à la France : il vaudroit infiniment mieux qu'elle n'eût jamais eu des Colonies que de les abandonner aujourd'hui. Elle s'appauvriroit d'une manière cruelle : l'Auteur du Précis a dit une grande vérité quand il a dit que notre commerce étoit un commerce de luxe ; il s'entretient par le luxe , & le commerce de l'Amérique ſeul lui en donne les moyens. Si ce dernier tomboit , les aliments du commerce de luxe ceſſant , la Nation s'appauvriroit : mais pour cela le luxe ne diſparoîtroit pas tout entier : ſes vices reſteroient, & il faudroit y ajouter encore tous les inconvénients de la pauvreté. Je ne vous parle ni en Colon ni en Commerçant : je vous parle comme un Citoyen qui ne doit voir que le bien de la France , & on ne peut pas me dire , *vous êtes Orfevre , Monſieur Joſſe.*

J'aime à croire que vous êtes auſſi bon Citoyen que moi : & qu'après ce moment d'enthouſiaſme où vous a peut-être porté quelque préjugé, vous reviendrez à l'intérêt public. Vous nous en donnez des preuves le moment d'après : vous conſervez toujours l'amour de la France , & vous propoſez de ſuite un moyen *qui rendra*, dites-vous, *bien plus à la puiſſance navale du Royaume , qu'elle n'aura perdu par la navigation de nos Colonies cédées à l'Etranger.* Mais je crains bien que ce ne ſoit une nouvelle méprife de votre part , & que vous ne vous trompiez encore fur l'efficacité de ce moyen.

Je n'aurai point du moins de reproches à faire à votre cœur, puifqu'au même inftant où vous dépouillez la France de fon commerce des Colonies, vous lui offrez des compenfations. Cela prouve toujours votre bonne intention pour elle : mais il feroit bien malheureux pour vous que par cet arrangement que vous propofez la France & les Colonies euffent également à fe plaindre : la France, parce qu'il vous fera impoffible de réparer le mal., & que votre compenfation eft impraticable : & les Colonies, parce que vous rendez leur condition mille fois plus fâcheufe. C'eft ce que j'efpère vous prouver à l'aide de mes *Profeffeurs*, dont *la logique* m'eft d'un grand fecours.

Vous nous avez dit, Monfieur, que les Colonies ne pouvoient nourrir leurs efclaves avec les bœufs & la morue que leur porte la Métropole ; parce que, par ce canal, ces vivres de première néceffité font trop chers : ainfi ce commerce eft déja livré aux Etrangers. Il refte les vins & les farines ; car l'Adminiftration n'a pas été auffi généreufe que vous en faveur des Colons ; & elle n'a pas permis aux Etrangers de porter ces derniers articles : elle a encore réfervé aux nationaux les toiles & autres marchandifes. Mais comme vous voulez qu'on effaie *du fervice des Etrangers*, vous leur abandonnez tout ce commerce à condition *de venir charger dans nos Ports, de ne charger que des marchandifes nationales, & fous la condition encore d'un droit dont le produit feroit diftribué à notre Cabotage, à notre Pêche, à notre Navigation du Nord, à toutes les parties enfin que la commodité du régime exclusif a fait trop négliger.*

Vous avez eu pour but d'établir aux Colonies les marchandises à meilleur marché : c'est dans cet esprit que vous voulez livrer ce commerce aux Etrangers. La nécessité d'armer dans nos Ports, d'y venir charger les marchandises nationales leur occasionnera beaucoup de frais, le temps nécessaire pour se rendre de chez eux dans nos Ports les exposera,

1°. A plus de mois de loyers & nourriture des Equipages.

2°. A une prime d'assurance de plus.

3°. A des droits de rivière, pilotage à l'entrée & à la sortie, frais de déclaration, courtage, &c.

4°. A des droits de Consulat.

5°. A une commission à payer aux Négociants Français dont ils emploiront le ministere. Ainsi tous ces frais accumulés ensemble leur augmenteront beaucoup le prix de la marchandise, & il faudra par conséquent qu'ils la vendent plus cher aux Colonies. Outre tous ces frais vous les assujettissez encore à un droit de chargement, pour être converti en gratifications *pour le Cabotage, pour la Pêche, & pour le Commerce du Nord.* Il faut que ce droit soit un peu fort pour qu'il puisse en résulter des gratifications honnêtes pour les trois commerces ci-dessus. Si ce droit est fort, il grévera encore les marchandises, & les renchérira pour les Colons. S'il est foible, il sera comme nul. Vos moyens ne conviennent donc, Monsieur, ni aux Colonies ni à la Métropole : aux Colonies, parce que ce nouveau systême leur renchériroit tout , & retarderoit les progrès de leur culture : à la Métropole, parce que vous l'avez dépouillée gratuitement d'un commerce , & d'une navigation en échange defquels vous ne lui donnez rien.

Mais je veux faire plus encore : & pour vous prouver combien je défire que vous puiffiez donner à la France des dédommagements réels , je confens à fuppofer une chofe impoffible : que tous les frais réfultants pour les Etrangers de l'obligation d'armer dans nos Ports ne renchériffent point les marchandifes pour les Colons , & que le droit de chargement puiffe opérer des gratifications affez encourageantes pour les trois navigations vos favorites. On ne peut pas affurément vous faire plus beau jeu. Eh ! bien , Monfieur, ces gratifications deviennent par votre fyftême tout-à-fait inutiles. Répétons encore quelles font ces trois navigations :

> Celle de la Pêche ,
> Celle du Cabotage,
> Celle dans les mers du Nord.

Nous avons préfentement plus de deux cent quarante Navires occupés à la Pêche de la morue , & dont au moins cent à celle du poiffon fec: L'Arrêt du Confeil du trente Août nous retire le débouché de ce dernier en nous enlevant la fourniture des Colonies : les Anglais par leurs établiffements dans l'Ifle de Terre - neuve , les Anglo-Américains par la commodité d'une Pêche fédentaire , . & dans toutes les faifons, peuvent établir le poiffon non-feulement dans toutes les Colonies , mais dans toute l'Europe à meilleur compofition : le Royaume ne peut

fuffire

fuffire à la confommation de la Pêche Françoife : ainfi tous vos encouragements feroient nuls ; parce que vous forcez au contraire nos armateurs pour cette pêche à diminuer leurs armements.

Le cabotage doit fon plus grand mouvement au commerce de l'Amérique : Bordeaux expédie des vins dans tous les Ports, pour la provifion des Navires qui vont aux Colonies & à la traite des Noirs ; & reçoit en échange d'autres articles, que la Rochelle, Nantes, Saint-Malo, le Havre & Dunkerque, lui envoient. Marseille expédie aufsi des vins, des favons, des huiles, & il s'en charge dans tous les Ports pour l'Amérique : Bayonne charge des réfines & goudrons pour tous ces mêmes Ports : l'ifle de Ré, Marennes, entretiennent beaucoup de Navires pour le tranfport des fels néceffaires à la pêche. Les rivières la Garonne, la Loire & la Seine, ont un cabotage continuel, & qui n'eft vivifié que par le commerce de l'Amérique : ainfi, Monfieur, voilà encore un cabotage très-confidérable ruiné, parce qu'il ne doit fon exiftence & fon entretien, qu'au commerce de l'Amérique & à celui de la pêche.

Le commerce des mers du Nord s'étend depuis le Pas de Calais jufqu'à Archangel. La bafe des chargements en France pour le Nord, confifte dans les vins, les fucres, les cafés & les indigos. Nous expédions tous les ans près de 100 mille bariques de fucre, & 50 millions de café à l'Etranger. Si nous perdons le commerce de l'Amérique, nous voilà fans matière pour le cabotage du Nord ; car nos vins & nos eaux-de-vie feroient prefque nos feuls articles d'exportation ; & nous ne pouvons pas nous flatter d'enlever à l'Etranger un commerce qui fera diminué, & qu'il peut faire avec plus d'économie. Le fret d'aller, pour la mer Baltique, eft toujours à bas prix ; mais le fret de retour eft plus cher ; les Etrangers nous abandonneront-ils ce fret en totalité ? Nous ne pouvons pas nous en flatter. Si nous voulions exporter nos denrées fur nos feuls Navires, les Etrangers pourroient faire les mêmes loix chez eux ; entre les Nations ainfi qu'entre les Particuliers, il faut de la réciprocité ; il eft très-incertain qu'un acte de navigation, comme ce fameux acte que les Anglois firent fous Cromwel en 1651, pût être imité auffi heureufement aujourd'hui. Le commerce du Nord ne fera donc prefque rien pour nous, quand notre navigation fera diminuée de fix cents Navires que nous expédions tous les ans aux Colonies, quand la pêche fera réduite de moitié, qu'il y aura moins de cabotage dans le Royaume, & que nous n'aurons prefque plus befoin de munitions navales.

Vous détruifez donc, Monfieur, par votre fyftême, le commerce de l'Amérique, celui de la pêche, celui du cabotage, celui des mers du Nord ; & j'ai beau faire l'impoffible pour donner à vos idées quelque ombre d'utilité ; il en réfulte toujours un effet deftructeur pour le commerce de la Métropole, & ruineux pour la fortune publique. Ces quatre commerces font étroitement liés ; ils s'entretiennent, ils s'alimentent, ils fe vivifient l'un par l'autre ; c'eft un arbre immenfe dont toutes les branches fe nourriffent, croiffent, & s'élèvent enfemble ; mais le commerce de l'Amérique eft le tronc principal où s'élabore la sève qui porte à toutes les extrêmités la parure ou la fécondité. Si vous sciez l'arbre près de sa racine, vous privez toutes les tiges du principe qui leur donnoit la vie; tous les rameaux se flétrissent & se desèchent; & au lieu d'être l'ornement & la richesse de la campagne, cet arbre dépouillé de ses feuilles, & couché sans honneur, & sans profit sur la poussière, n'est plus qu'un cadavre stérile, qui presse la terre de son inutile fardeau. Tâchons, Monsieur, de laisser les choses comme elles étoient; le commerce ne veut être, ni troublé, ni détourné; nous sortons d'une guerre qui nous a bien fatigués; le commerce long-temps agité n'a pas encore repris son niveau; il ressemble à ces beaux étangs dont les eaux, tourmentées pendant un long hiver, reprennent aux approches du printems une surface calme & tranquille, mais si quelque nouvel orage survient encore, le calme disparoît, l'eau se trouble de nouveau, & tous les objets sont vacillants autour d'elle.

Que de bruit! Répondez-vous. Vous oubliez sans doute, Monsieur, que toutes les Chambres de Commerce disent la même chose que l'Auteur du Précis; & votre réponse est bien leste : vous traitez toutes ces réprésentations comme un Visir de la Cour Ottomane, ou comme un Hospodar de Valachie traiteroit les clameurs d'une troupe de factieux.

Vous ajoutez ensuite que *lors de l'établissement des entrepôts aux Carénage de Sainte Lucie, & au Môle Saint Nicolas un déluge de maux nous fût annoncé, & le fait est que notre Commerce a toujours été en augmentant.*

XVI.

Il est plus aisé de sentir que de peindre les maux innombrables que la cessation, ou seulement la diminution du commerce de nos ports avec nos Colonies à sucre causera au Royaume. Nous n'osons pas en esquisser le tableau; même en le modifiant on le croiroit exagéré. Ce que nous pouvons dire, c'est que la perte certaine & inappréciable des Matelots, celle de la plus grande partie des fortunes, la désertion de tout ce qui tient aux armemens & aux constructions, l'abandon d'une grande partie des manufactures, la diminution de la valeur des terres, une émigration telle qu'il n'y en auroit pas eu de pareille depuis la révocation de l'Édit de Nantes, & toutes les calamités qu'amene sur les campagnes & sur le cultivateur la non-vente de ses denrées, seroient pour la France des conséquences infaillibles, qui résulteroient naturellement d'un événement aussi désastreux.

XVII.

Et pour qui nous expolerions-nous à tant de malheurs? pour les Habitans des Colonies; c'est-à-dire pour les propriétaires les plus favorisés qu'il y ait sur le globe. Ils ont acquis ces terres sous les loix & à la condition

Le Commerce avoit raison de reclamer contre ces deux entrepôts, il prévoyoit la fraude qui résulteroit de la fréquentation des Anglo-Américains; s'est-il trompé, Monsieur, puisque l'administration en France a des preuves multipliées des versemens frauduleux. Le Ministre le dit même publiquement dans sa dépêche du 13 Novembre 1784, adressée aux Administrateurs des Colonies, *le Commerce a été en augmentant*. Il eût été bien singulier que Saint-Domingue n'eût pas fleuri puisque la Métropole en dix ans lui a porté au delà de 100 mille Noirs : mais cette Colonie auroit fleuri davantage sur-tout dans la partie du Sud, si l'Etranger l'avoit moins fréquentée.

D'ailleurs quelle différence ! lors de l'établissement ci-dessus on n'avoit que deux postes à veiller : aujourd'hui l'Administration en a six. Nous n'avions que la concurrence d'un seul peuple à craindre ; & nous allons avoir tout l'Univers. Vous voyez bien tous les maux qui en doivent résulter un jour, vous Monsieur, oui vous-même, & vous ne tarderez pas à nous annoncer que nous serons obligés d'accorder bien d'autres prérogatives aux Anglo-Américains, *pour éviter pis.*

Il n'y a point d'exagération dans le produit des terres à Saint-Domingue : elles rendent mieux que douze pour cent aux propriétaires qui demeurent en France : & si ces propriétaires les faisoient eux-mêmes valoir, elles rendroient peut-être le double. Les terres de la Métropole rendant deux & demi à trois pour cent, au plus à ceux qui les donnent à bail à ferme, & elles rendroient au plus le double à ceux qui les feroient valoir eux-mêmes. Il y a donc bien plus d'avantage à être propriétaire à Saint-Domingue qu'en France, c'eſt la raiſon pour laquelle les terres des Colonies ſont aujourd'hui ſi recherchées, & c'eſt peut-être pour cela qu'elles trouvent tant de protecteurs.

Il ſe peut qu'aux Iſles du Vent les planteurs ayent moins d'avantages & faſſent moins de revenus : cependant les habitans de Saint-Domingue payent les Noirs beaucoup plus cher que les Colons des Antilles, qui ne les achetent que des Anglais, & ces derniers Colons vendent leur café de vingt à vingt-deux ſols, & leurs cotons de deux cent à deux-cent-vingt livres. Depuis plus de trois ans, ces prix ſont exceſſifs pour le Commerçant de la Métropole, & l'Armateur perd ; mais la Métropole gagne parce que la Nation gagne toujours. Les Colons s'enrichiſſent & peuvent faire de plus grandes conſommations ; mais ſi cette cherté provenoit de la plus grande concurrence des Etrangers, des enlevements en fraude de denrées dérobées à la Métropole, les Armateurs alors perdroient ſans que la Métropole s'enrichît ; & ce ſeroit contre l'eſprit qui a fondé les Colonies : on a eu pour but l'extention du commerce de la Métropole, & ce but auroit été manqué.

Vous établiſſez les vrais principes, Monſieur, en diſant *qu'il ne faut point s'embarraſſer de ce qui peut plaire ou déplaire, ſoit au Négociant, ſoit au Colon, par la raiſon que le Colon & le Négociant conſidérés comme tels, ne doivent exiſter eux-mêmes que pour la meilleure fortune de la Métropole.* Je ſuis étonné que poſſédant auſſi bien les vraies maximes conſtitutionnelles des Colonies, vous

du régime prohibitif. Cependan[t] ils ne ceſſent depuis 30 ans d'éluder ces loix bienfaiſantes pour l[a] Nation, & pa[r] conſéquen[t] pou[r] eux-mêmes.

Malgré toute[s] les réclamation[s] qu'ils portent continuellement a[u] pied du trône, il[s] retirent douze, quinze & juſqu'[à] vingt pour cent d[u] revenu annuel de la valeur de leurs terres ; & aujourd'hui en demandant le ſecours du commerce étranger, ils font la guerre la plus cruelle aux Propriétaires des terres du Royaume, qui ont bien de la peine à porter le revenu des leurs à trois & quatre pour cent.

foyez auffi malheureux dans les conféquences que vous en tirez : il y a fûrement quelque intérêt caché qui vous fait illufion , il pofe un nuage intermédiaire entre vos principes & votre efprit : vous laiffez juger cet intérêt , & votre efprit en eft continuellement la dupe.

XVIII.
Si c'eft pour les fujets des Etats-Unis que nous devons faire d'auffi grands facrifices, ils feront fans doute compenfés par quelques grands avantages, &c, &c.

Cet article donne lieu à beaucoup de réflexions, & comment y répondez - vous , Monfieur ; vous dites que les Anglo - Américains iront acheter à Londres tout ce que nous pourrions leur vendre en concurrence avec les Anglais , parce que ceux - ci font mieux , ou à plus bas prix , mais qu'ils viendront dans nos Ports acheter des vins , des eaux-de-vie & des draps fins , qu'aucune autre Nation ne leur peut fournir. Vous appercevez - vous ici d'une petite contradiction avec vous-même ? Vous-nous dites , page 29 , à la fuite de la réfutation du Précis, que les Anglo - Américains , feront fouvent bonne partie de leurs retours en marchandifes du Royaume , qu'ils acheteront dans nos Colonies , & ici vous les envoyez s'approvifionner à Londres , & ce fera en effet bien plus économique pour eux : car ils s'expoferoient à payer beaucoup plus cher leurs approvifionnements dans nos Colonies.

Je ne fais, Monfieur, fi dans votre horofcope au fujet de cette nouvelle Nation vous ferez plus heureux ; quant à ce que nous pourrions craindre de ce nouveau peuple pour le tems à venir, *nous pouvons croire*, dites-vous, *que les rigueurs confeillées par nos Négociants dans nos rapports avec ces nouveaux Alliés, ne font pas le moyen le plus affûré de les avoir toujours pour amis.*

Qu'il me foit permis de vous répondre que l'exclufion des Etrangers de nos Colonies n'eft point ce qu'on doit appeller *des rigueurs.* C'eft une fuite des loix établies en faveur de la Métropole : étoit-il indifpenfable de changer la légiflation de nos Colonies, pour créer un Commerce de plus aux nouveaux Alliés ? Sommes-nous obligés d'affoiblir notre navigation d'un grand tiers dans le moment préfent, pour augmenter la leur? Nous avons tout à craindre de leur admiffion, & nous n'avons rien à redouter de leur exclufion. Quand ils auront, à la faveur du commerce dans nos Colonies, augmenté leur navigation, le nombre de leurs matelots, élevé une puiffance maritime, quand ils auront commencé à s'enrichir, & que nous aurons reconnu que notre commerce aura diminué, que leur fréquentation dans nos Colonies nous aura caufé un préjudice inappréciable, il ne fera peut-être plus tems de révoquer cette permiffion : ce fera au moins un prétexte de difcorde ; & pourquoi nous expofer à avoir des querelles de plus ? N'avons-nous pas eu déja affez de guerres de commerce ? Le Légiflateur doit tout prévoir, comme la Nation doit tout repréfenter.

Vous ne répondez que des mots, Monfieur, à ce dernier article, & toute la force des raifons qu'il contient rêfte contre vous. Ce n'eft point parce que l'Etranger portera un peu de bœuf & de morue aux Colonies pour nourrir les efclaves que le Royaume fera dépeuplé : ce fera parce que l'Etranger ne peut point faire un commerce qui nous appartenoit tout entier, sans nuire à notre navigation, & sans diminuer la fortune publique, parce que son admission vous forcera à réformer les deux tiers de vos Navires : & que vous verrez résulter tous les inconvéniens que l'on vous annonce, & qui sont suffisamment prouvés dans cette première lettre ; ils le seront encore davantage dans la seconde , où je me propose d'examiner vos vérités élémentaires , & toutes les conséquences que vous en tirez. Mais il faut un peu reprendre haleine ; car je crains, Monsieur, de vous fatiguer par mes contradictions : au surplus, c'est du choc des opinions que doit jaillir la lumière que nous cherchons : & si nous étions d'accord il n'y auroit plus de discussion.

SECONDE

SECONDE LETTRE.

MONSIEUR,

J'AI lu avec beaucoup de plaisir vos *Verités élémen-taires*, Les principes que vous y posez aux articles 1, 2, 3, me confirment dans la grande opinion que j'ai de votre esprit, toutes les fois que vous voulez discourir avec méthode, & d'après les vrais principes. L'article 4 sur-tout m'a frappé, je ne peux résister au desir de le rappeller ici. *Le commerce suppose la consommation des denrées, puisque cette consommation est également sa cause & son effet : mais il n'est qu'une somme de consommation actuellement possible, & dans tous les marchés de l'univers, les acteurs du commerce se disputent cette somme de consommation, avec plus ou moins d'avantage. Cependant, quel que soit le succès du plus favorisé, son action aura nécessairement eu des bornes quelconques par l'inévitable effet de la concurrence. Là seroient donc aussi les bornes du travail national, & par suite, le terme de la richesse & de la population de l'Etat, s'il n'existoit aucun expédient pratiquable pour changer la nature actuelle des marchandises restées sans prix faute d'acheteurs, & les convertir en d'autres denrées commerçables.*

Que conclure de cette grande vérité, Monsieur ? Qu'il

Le Pour & le Contre, page 40, in-4°.

faut qu'une Nation commerçante évite le danger de la concurrence, c'est-à-dire, vendre seule le plus qu'il lui est possible pour se réserver tous les profits attachés à la consommation : sans quoi elle s'exposeroit à avoir des marchandises restées sans acheteurs. Ce principe que vous aurez toujours sur moi l'avantage d'avoir établi le premier, me servira dans mes réponses, & si dans notre discussion la victoire me reste, je vous devrai l'hommage de mes lauriers.

Les articles V & VI, sont incontestables : que j'aime à lire toutes ces vérités ; que le terrein sur lequel nous nous promenons est doux présentement ! Il n'y a rien là de raboteux : c'est une magnifique pelouse sur laquelle nos pas s'impriment sans danger, comme sans crainte. Mais voyons si vous ferez aussi heureux dans vos conséquences.

Page 21.   La première est très juste, on doit la même faveur aux Colons, *comme consommateurs étrangers, & comme cultivateurs nationaux.*

Page 22.   La seconde n'est pas moins vraie : on leur défendra de recevoir de l'Etranger tout ce que la Métropole peut leur fournir, *puisque leur office essentiel est de porter le commerce de la Nation au-delà de ses bornes premieres & naturelles.* Cette conséquence est forte, & vous devez sentir combien elle milite contre le nouveau système.

Idem.   La troisieme est également fondée sur les vrais principes : *ces établissements seront portés au plus haut degré de culture possible, puisqu'ils ne seront utiles qu'à proportion des denrées qu'ils pourront substituer à celles du sol principal.* En vérité, Monsieur, on ne peut pas raisonner d'une maniere plus favorable aux intérêts de la Métropole: j'ai bien raison de dire que vous avez une grande sagacité, toutes les fois que vous ne voulez suivre que l'impulsion de votre génie: vous trouvez comme sous votre main les vraies maximes; jusqu'à présent nous allons bien d'accord; mais je crains que la quatrieme conséquence ne vienne troubler cette harmonie délicieuse avec laquelle j'avais tant de plaisir à marcher auprès de vous: cette quatrieme conséquence est d'une grande finesse: comme vous la couvrez de fleurs: je voudrais bien vous l'accorder, car votre style m'enchante, mais excusez mes craintes: permettez que je m'explique auparavant. S'il nous étoit impossible de fournir assez de noirs aux Colonies, pour leur grande culture, les loix prohibitives seroient en contradiction avec l'intérêt de cette culture: sans contredit. Mais je répondrai que cette supposition est bien gratuite, d'autant plus que les Colonies sont presque toutes cultivées aujourd'hui, & que les besoins d'esclaves sont moins considérables qu'il y a quinze & vingt ans; mais supposé que les Colonies eussent besoin de 20000 noirs tous les ans, pour perfectionner leur culture, & que le commerce Français n'en put fournir que 10,000, (ce qui ne peut se présumer d'après les moyens actuels du Commerçant Français, & les armements de près de cinquante négriers), conviendroit-t-il pour le plus grand intérêt de leur culture, d'en acheter dix mille de l'Etranger? Je répondrai, non, Monsieur; il vaudroit mieux pour l'extension du Commerce de la Métropole, mettre un peu plus de temps à la perfection de la culture dans les Colonies, que d'accorder à l'Etranger une créance fur les Colonies, aux dépens de la Métropole, & d'accroître le Commerce & la navigation de cet Etranger. Si l'Etranger fournit dix mille noirs, il faut que la Colonie les paye : elle ne peut les payer fans dérober à la Métropole, quelques fruits de fa culture : & il en réfulteroit une privation pour cette derniere. D'ailleurs la Colonie doit toujours à la Métropole : il ne faut pas qu'elle doive à des vendeurs étrangers, parce que ceux-ci qui feront toujours payés comptant, le feront au préjudice des Créanciers de la Métropole. Il vaut mieux que la Colonie foit un peu plus de tems à arriver au point de perfection de fa culture, comme il vaut mieux que la fortune d'un particulier foit plus lente, & qu'il acquitte exactement fes obligations, que s'il la précipitoit en cinq & fix ans, & qu'il laifsât en souffrance tous ceux auxquels il auroit dû. A préfent, Monfieur, que je me fuis bien expliqué, je vous paffe votre quatrieme conféquence.

Page 22. La cinquieme n'eft pas moins adroite que celle qui la précéde ; mais comme l'explication ci-deffus établit mon principe conforme à l'efprit des Loix prohibitives, je vous répondrai par une fuite des mêmes maximes, *que dans les cas où l'exécution des Loix prohibitives nuiroit à l'extention du Commerce national, il faudroit les modifier : mais j'ajouterai que l'admiffion de l'Etranger dans aucun cas, ne peut augmenter le Commerce national, & que par cette raifon, il faut s'en tenir au régime des Loix prohibitives.*

Page 23. J'admire votre fixieme conféquence ; c'eft la vraie légiflation des Colonies : l'intérêt de la Métropole doit furnager tous les autres : il ne doit point être queftion de l'intérêt de l'Armateur, de l'intérêt du Colon ; il ne s'agit que de l'intérêt général du Commerce, c'eft-à-dire, de l'intérêt de la Nation ; de ce grand principe, dérivent tous les rapports entre la Colonie & la Métropole, vous avez fixé la mefure, & vous avez établi vous-même l'équilibre de ces Loix ; c'eft à préfent à moi à veiller à ce que dans la fuite de votre ouvrage, cette mefure foit gardée, & cet équilibre confervé.

Je vous avouerai, Monfieur, qu'après l'établiffement de vos *Vérités élémentaires*, qu'après les conféquences que vous en avez tirées, je n'aurois pas imaginé que vous euffiez fauté à pieds joints fur tous ces principes, pour nous étonner enfuite par une doctrine monftrueufe & deftructive à tous égards du Commerce national : je marcherai pas à pas avec vous dans toute la route que vous avez tracée.

Vous dites d'abord que vous vous bornerez *à la dif-cuffion provoquée par les cris de nos Ports marchands, contre la permiffion accordée par l'Arrêt du 30 Août*; & vous ajoutez que *cette permiffion auroit pu être portée beaucoup au-delà avec grande & évidente utilité pour le Royaume*. Sans vou-loir vous chicaner fur les mots, permettez-moi de vous dire que des repréfentations des Chambres de Commerce, fondées fur les vrais principes, fur les Loix fondamen-tales des Colonies, ne font point *des cris*. Cette derniere expreffion ne convient qu'à des clameurs vaines & fédi-tieufes fans motifs, comme fans unanimité. Les repré-fentations des Villes maritimes du Royaume fe mêlent au cri national, & toute une Nation qui reclame, ne se trompe pas sur l'intérêt qui l'a fait reclamer.

De ce que ce n'est point en Europe que les Anglo-Américains *obtiendront le plus grand prix de leurs salaisons & de leurs farines*, & qu'ils viendront acheter nos denrées de l'Amérique, vous concluez *qu'ils se répandront dans nos Colonies, comme un torrent contre lequel tous les efforts du Gouvernement seront inutiles* : c'est-à-dire, Monsieur, que parce que la France a rendu ce peuple libre, & qu'elle a brisé ses fers, il va devenir notre maître ; & qu'impérieusement il nous forcera de partager avec lui le Commerce de nos Colonies. Vous me permettrez de penser que l'Administration en France a heureusement plus de confiance dans les droits que donne la propriété, & qu'en se donnant un nouvel allié, la France n'a jamais eu l'intention de se donner un maître ; il peut être de la convenance des Anglo-Américains, comme de leurs intérêts de porter aux Antilles leurs salaisons : il peut être plus économique pour ces Colons, momentanément, de recevoir de ces Etrangers ces mêmes salaisons : mais si ces deux intérêts blessent celui de la Métropole, s'ils sont en contradiction avec la richesse nationale, la prohibition absolue doit avoir lieu : je vous ramene à vos principes, lisez votre seconde conséquence. Vous avez vous-même prononcé *qu'il sera défendu à la Colonie de recevoir de l'Etranger tout ce que la Métropole peut lui fournir.* Les loix prohibitives doivent donc être mises en vigueur, & écarter l'Etranger.

Si vous supposez, Monsieur, que les loix prohibitives, en écartant l'Etranger, ne pourront point empêcher les

Page 24, in-4°.

Introductions furtives, apprenez-moi par quel charme dans le fyftême d'admiffion, vous pourriez empêcher l'introduction des marchandifes qu'il n'aura pas été permis à ce même Etranger d'importer; vous me répondez que l'Etranger qui veut faire utilement ce Commerce permis, ne voudra pas s'expofer à la confifcation de fon navire, & des marchandifes permifes, en tentant l'introduction des prohibées : je vous repliquerai qu'ici les faits font contre vous : la farine Anglaife n'a point d'entrée ; ceux qui la portent s'expofent à la confifcation, & l'Adminiftration générale a des preuves combien il s'en introduit en fraude : la liberté pour l'Etranger de fréquenter nos Colonies, & d'y porter des marchandifes permifes, n'exclura pas le defir d'en introduire d'autres : au contraire, cette permiffion fera naître ce defir, le favorifera, & fournira mille occafions de l'exécuter.

Le parti de compofer eft donc le feul qui puiffe déformais convenir, dites-vous. Parlons bas, Monfieur, car fi les Miniftres nous entendoient, ils feroient bien étonnés qu'on impofât à la France des compofitions femblables, & avec qui ? Avec une Nation qui lui doit fon indépendance, & qui pour prix du premier ufage de fa liberté, viendroit la forcer à partager avec elle fon propre Commerce.

Mais quelle eft cette compofition ? Les falaifons doivent être fournies par les Anglo-Américains, parce qu'ils les vendront à plus bas prix : je vous répondrai que les Anglo-Américains ne falent point de bœufs, & jufqu'à préfent, l'Irlande a toujours été en poffeffion de cette fourniture : *c'eft effectivement une Nation rivale* que nous en-

Page 24.

richiſſons ; mais elle nous enrichit à ſon tour , en achetant à Bordeaux nos vins les plus chers , & qui ne nous ſeroient pas payés le même prix en France : vous convenez vous-même, (car j'ai bonne mémoire) que c'eſt une des denrées dont nous avons le moins de défaite dans les marchés de l'Europe , à cauſe de la concurrence. Il eſt donc du plus grand intérêt de la Métropole, c'eſt-à-dire , de la fortune nationale que l'Irlande continue à nous apporter des bœufs, parce que ſi nous diminuons à cet égard la richeſſe de l'Irlande , nous diminuerons ſes moyens de luxe & de conſommation : & conſéquemment nous diminuerons nos débouchés : car il eſt des circonſtances , ou pour faire un Commerce plus profitable , il ne faut pas ambitionner de faire tout celui que la nature des choſes ſembleroit nous permettre de faire : j'aurai occaſion de revenir ſur cette derniere réflexion, qui a beſoin d'un peu de développement , & j'en parlerai quand j'aurai occaſion de parler du Cabotage. Nous ne ſommes donc pas ſans intérêt, Monſieur, à acheter nos bœufs de l'Irlande, à les recevoir en France , & enſuite à les exporter à nos Colonies : nous avons au contraire un double intérêt à ce Commerce & à cette navigation,

Nous avons encore plus d'intérêt à la fourniture de la morue : parce qu'il s'en faut bien que les marchés de l'Europe puiſſent ſuffire à la conſommation de notre pêche ; comme vous paroiſſez le croire, les Anglais par leurs établiſſéments dans l'Iſle de Terre-Neuve , les Américains par leur grande proximité des lieux de la pêche qu'ils peuvent faire très-près de leurs côtes, & même dans toutes

les

les faifons, ont de très-grands avantages fur nous dans les marchés de l'Efpagne, du Portugal, de l'Italie, & nous fommes prefque réduits à la confommation ifolée du Royaume; nous avons donc le plus grand intérêt à nous conferver le débouché de notre pêche dans nos Colonies. Au moment où je vous écris, nous avons reçu à Bordeaux, au-delà de vingt-quatre mille quintaux de morue féche, à la Rochelle quinze mille quintaux, & nous favons qu'il y en a à Marfeille cinquante mille quintaux fans acheteurs. Vous voulez, Monfieur, encourager le Commerce de la pêche, & vous commencez par le ruiner. Vous ignorez peut-être que nous avons plus de cent navires à la feule pêche du poiffon fec, & que nous en avons au-delà de ce nombre pour le banc de Terre-Neuve : les cent navires pour la morue féche occupent fix mille matelots au moins, & leurs armements vont à fix millions. Vous avez raifon, Monfieur, de vous intéreffer à ce Commerce ; mais le détruire d'un côté, & l'encourager de l'autre, n'eft-ce pas être en contradiction avec vous-même ; vous n'avez pas été heureux à nous prouver que nous étions fans intérêts pour la fourniture des bœufs, pour celle des morues. Voyons fi vous ferez plus heureux à nous prouver que nous fommes auffi fans intérêts à porter des farines dans nos Colonies.

Bordeaux feul en expédie aux Colonies tous les ans deux cent mille barils : Nantes, la Rochelle & le Havre, peut-être trente-cinq & quarante mille barils, chaque baril pefe 175 liv. net ; & vaut environ de 38 à 40 livres : il eft prouvé que les frais de manipulation vont aux environs de

25 pour cent, & qu'il y a en outre un bénéfice honnête pour le minottier qui a fait tous les frais de ces grands établiffements, que nous appellons *minotteries*. Les farines font donc un objet d'environ dix millions d'exportation pour les Colonies feules, & tout eft bénéfice pour la richeffe nationale : car c'eft le produit du fol, & le produit de l'induftrie. Ajoutons encore le profit qui réfulte d'une plus grande navigation : car, pour exporter aux Colonies deux cent quarante mille barils de farine, il faut cent cinquante navires de deux cent tonneaux.

Quand bien même, Monfieur, nous ferions obligés de remplacer en froment de l'Etranger, celui de notre fol que nous convertiffons en farines pour nos Colonies, (ce qui peut arriver dans des années difetteufes), nous aurions une occafion de plus pour augmenter ce cabotage auquel vous prenez auffi le plus grand intérêt : les navires que nous enverrions dans le Nord, auroient des chargements de bled en retour : & nous gagnerions un fret de plus. Vous êtes intéreffé, Monfieur, à augmenter un Commerce auquel vous nous confeillerez bientôt de nous réduire : & vous ne pouvez vous difpenfer de nous laiffer continuer d'approvifionner nos Colonies : il en réfultera plus de navigation, plus de confommation ; & cette circulation fera infiniment plus utile à la fortune nationale, que cette trifte & ftérile confommation de nos farines dans nos propres foyers, à laquelle vous voudriez nous réduire, & qui détruiroit partie de notre cabotage. Ici je vous furprens encore en contradiction avec vous-même.

Il me femble, Monfieur, que je vous établis les vrais

principes, & vous reconnoîtrez fur-tout que de l'exécution des miens il réfulte toujours une augmentation de fortune publique ; mais dans un moment vous en ferez encore plus convaincu : ne craignez pas qu'il s'enfuive de la prohibition de l'Etranger, que l'Anglo-Américain *fans frein & fans regle*, portât dans nos Colonies, non-feulement les falaifons, les morues, les farines, mais encore une quantité d'autres marchandifes, & qu'ainfi *l'intention du Légiflateur feroit facrifiée à la lettre de la loi.* Je vous répondrai au contraire, Monfieur, que l'Etranger écarté de nos Colonies, fans aucun prétexte pour en approcher, fera forcé de renoncer aux Commerce interlope, & de l'abandonner.

Page 26.

Vous ne vous laffez pas, Monfieur, à entaffer des raifons pour juftifier la néceffité de l'admiffion des Etrangers, & vous allez même nous prouver que la confervation des Noirs y eft intéreffée ; ce morceau doit être mis fous les yeux du Lecteur, & je vais le tranfcrire. *En donnant toutes les femaines à chaque Nègre deux livres de morue & une livre de bœuf, il n'y auroit rien de trop ; cependant c'eft abfolument chofe impoffible dans le régime de prohibition abfolue du commerce étranger, parce que le commerce national ne pourroit fournir la quantité néceffaire, où bien il ne le pourroit qu'à un prix au-deffus des moyens du Colon;* de-là la vieilleffe précoce des efclaves qui meurent avant le tems : de là des calamités : *delà un dommage immenfe & incalculable dans la fortune de la Métropole.* Vous partez de là pour établir un compte de l'économie que trouveront les Colons à recevoir par le canal Américain les bœufs falés, les morues & les farines,

Page 33. & vous portez cette économie à. 12,750,000

vous y ajoutez les droits du Roi. 3,375,000

vous calculez en mortalités de moins sur les

    esclaves. 5,000,000

& vous portez pour l'augmentation de culture. 6,000,000

                        Total   27,125,000

Du produit de toutes ces économies la Métropole, dites-vous, profitera : il en résultera des profits immenses pour elle, parce qu'elle recevra tout le superflu des denrées, les salaisons & farines payées.

Ce calcul, Monsieur, me rappelle celui de la dot de certaine fille qu'on veut faire épouser à Harpagon dans la Comédie de l'Avare ; on fait monter cette dot à douze mille livres de rente, parce que cette fille épargnera tous les ans. . . . . 3000.liv. sur sa table, sur ses habits, bijoux, &c. . . . . 4000, & sur son jeu. 5000

                    12000

Mais à ce compte Harpagon remarque fort bien qu'il ne touche rien. Je craindrois bien, Monsieur, qu'il n'en fût de même des bénéfices prétendus pour la Métropole, que vous faites résulter du compte ci-dessus, & que la Métropole n'en touchât rien.

Puisque vous faites des comptes, permettez qu'à mon tour je vous en fasse un, & qui sera sûrement plus réel que le vôtre ; & je vous promets de l'établir d'après vos données.

Page 27. Vous portez, Monsieur, le nombre des esclaves à cinq cent cinquante mille Noirs dans toutes les Colonies : chaque Négre confomme par an cinquante livres de bœuf & cent livres de morue, ou deux livres de morue & une livre de bœuf par chaque femaine : c'eft vous qui parlez , Monfieur , j'écris fous votre dictée ; mais vous n'affurez là, que la provifion de cinquante femaines, & l'année en a cinquante-deux; apparemment que vous comptez deux femaines d'abftinence pour la plus grande économie : mais comme il en pourroit réfulter de la mortalité , qu'il eft de l'intérêt de la Métropole & des Colonies que tout le monde vive , je compterai cinquante-deux livres de bœuf, & cent-quatre livres de morue pour chaque tête de Noir par an, il faut évaluer chaque baril de bœuf à 160 livres de viande net, les os retirés ; 550,000 efclaves , à raifon de 52 livres par an , confommeront 178,750 barils qui, à raifon de 8 barils au tonneau, font 22, 343 ^{tonneaux}

Page 26.

il faudra pour ces mêmes efclaves 57,200,000
liv. de morue qui font. 28,600
En y ajoutant encore la farine comme vous
le défirez , *puifque les verfements de la farine anglaife font inévitables , & qu'il faut y confentir pour éviter pis ,* nous avons à compter
240 mille barils, qui, à 8 barils au tonneau,
font. 30,000

Total des tonneaux. . . . . 80,943.

Or 80,943 tonneaux peuvent faire la charge de 400 navires de 200 tonneaux que vous enlevez à la navigation de la Métropole, fi vos principes font fuivis : je vous défié de me nier cette conféquence ; elle eſt le réſultat de vos propres données.

A ce calcul il faut que j'en ajoute encore un autre : car il n'eſt pas à ſuppoſer que ces braves Anglo-Américains, que vous voulez tant favoriſer, nous faſſent cette prodigieuſe fourniture gratis , & pour la gloire de faire ſubſiſter les Colonies : faiſons le compte de ce qu'il leur faudra payer.

178,750 barils de bœuf, à 70 liv. le baril, coûteront ci 12,512,500
57,200,000 liv. de morue, à 36 liv. le cent , feront. 20,592,000
240,000 barils de farine, à 60 liv. le baril. 14,400,000

                                                        47,504,500

Voici donc les Anglo-Américains créanciers de quarante-ſept millions & plus : obſervez, Monſieur , que s'il y a erreur dans ces calculs, c'eſt vous qui m'y aurez induit. Nous pouvons encore ajouter à cette créance celle pour les Eſclaves que les Anglais vendent aux Antilles, & on peut bien les évaluer à cinq millions. Il faut auſſi mettre quelque choſe pour les bois, les ris , les charbons, &c. &c, &c. Inſenſiblement la créance montera à près de la demie des revenus des Colonies que vous avez la modeſtie de ne porter qu'à 120 millions.

A préſent, Monſieur, je vous demanderai deux choſes : 1°. Croyez-vous qu'une navigation moindre pour la France de 400 Navires, ne ſoit pas un objet immenſe ? Vous pouvez hardiment évaluer à 25,000 liv. les frais d'armement & déſarmement, c'eſt un objet de 10 millions : on peut

Page 31.

porter le nombre des Matelots à 8ooo. Ainfi voilà d'un trait de plume 8ooo hommes fans emploi, & 10 millions de falaires & de confommations de moins. Je vous laiffe apprécier le dommage & les maux qui en réfulteront pour l'agriculture, & pour cette claffe d'hommes auxquels il faut un travail de tous les jours, & non-interrompu, pour leur fubfiftance & celle de leur famille.

2°. Comment les Colonies s'acquitteront-elles ? Il n'eft permis aux Etrangers de prendre en paiement que les firops & les taffias. Ces liqueurs font au plus un objet de 5 à 6 millions dans toutes les Colonies, (la portion des firops pour les beftiaux déduite) : il faudra donc permettre aux Etrangers l'extraction des denrées des Colonies, & c'eft contre l'efprit de l'Arrêt.

Remarquez encore, Monfieur, que dans les ventes qu'a fait l'Etranger, je n'ai compris aucunes marchandifes de contrebande : on peut bien dire, que c'eft un compte fait en confcience. Permettez-moi de vous demander maintenant, Monfieur, fi la Nation qui nous lie tous deux trouvera que vos principes dont j'ai emprunté tous mes calculs font confervatoires de la richeffe nationale.

Vous ferez à préfent convaincu, Monfieur, que quoiqu'une Colonie puiffe acheter d'un Etranger à plus bas prix que de la Métropole, ce n'eft pas une raifon pour le lui permettre : & je vous rappelle cette deuxieme conféquence que vous avez tirée de vos *Vérités élémentaires* : fi vous aviez bien fuivi l'efprit de cette conféquence vous ne feriez pas encore ici en contradiction avec vous-même.

Mais vous allez vous contredire encore bien davantage à la page 28, où vous dites *que la morue de la pêche Française aura sa vente assurée dans les marchés de l'Europe, & d'autant plus avantageusement que la concurrence des Etrangers aura été prévenue ou au moins très-diminuée par l'importation du poisson Américain dans nos Colonies.* Dites-moi, Monsieur, s'il est prudent que nous préférions des marchés d'où l'on seroit le maître de nous éloigner, où l'on pourroit nous imposer des droits, & nous donner tout l'univers pour concurrent, tandis que nous avons des consommateurs assurés dans nos propres foyers; car n'est-ce pas *le cas*, (comme vous l'ajoutez page 29) *de substituer le consommateur Colon au consommateur Etranger, lorsque celui-ci ne suffit pas à l'enlevement de notre superflu, & que la consommation est bornée par la concurrence des denrées semblables apportées de toutes parts dans les marchés étrangers...... & c'est sous cet aspect que nos Colonies ont en effet une valeur inappréciable, puisque tout ce qu'elles consomment en ce genre n'eut pas existé sans elles, & qu'elles sont ainsi une cause indéfinie de population & de richesse.*

Je ne peux mieux faire que de vous mettre en opposition avec vous-même : vous venez de plaider ma cause, & que conclure de tout ce que vous avez si bien dit? qu'il nous faut conserver le marché de nos Colonies pour la consommation de nôtre pêche, parce que les Anglais & les Anglo-Américains seront pour nous des concurrents trop redoutables, 1° à cause des avantages que leur donnent leurs établissements aux lieux de la

pêche,

pêche, ou leur proximité d'iceux : 2.º parce que, comme vous l'avez prononcé vous-même dans votre quatrième, Vérité élémentaire, *il n'est qu'une somme de consommation actuellement possible, & dans tous les marchés de l'univers les acteurs du commerce se disputent cette somme de consommation avec plus ou moins d'avantage.* Vous convenez qu'alors *la concurrence met des bornes au travail national, & pose un terme à la richesse de l'Etat, à moins que les marchandises restées sans prix faute d'acheteurs, ne soient converties en d'autres denrées facilement commerçables.*

C'est vous qui parlez, Monsieur ; or n'est-ce pas le cas où nous sommes pour la morue ? Le bas prix auquel nos concurrents peuvent la donner en Europe, nous a fait abandonner les marchés *du Portugal, de l'Espagne* & même *de l'Italie :* il est donc essentiel pour que notre pêche ne reste pas sans consommateurs, que nous nous conservions le marché de nos Colonies, pour y vendre notre poisson, & l'y échanger *contre des denrées plus commerçables en Europe.* Je vous combats avec vos propres armes ; mais vous avez la gloire d'avoir établi le premier cette grande vérité.

Il est bien heureux pour nous, Monsieur, que les Anglo-Américains ne recueillent pas encore de vins, parce que par la raison du voisinage ou des frais moindres dans le transport, vous nous persuaderiez qu'il vaudroit mieux que nos Colonies fussent approvisionnées de vins par le secours de ce même étranger : & quand il aura établi des Manufactures, ce qui ne tardera pas, vous donnerez encore de l'extention à vos principes &

infensiblement en nous perfuadant que l'économie qui en réfultera pour le Colon produira de nouvelles valeurs & de nouvelles confommations pour les marchandifes de la Métropole, vous parviendrez à réalifer l'hiftoire de la dote de la femme propofée à *Harpagon* : vous nous dépouillerez de notre commerce & nous ne toucherons plus rien.

Notre Navigation à l'Amérique fe trouve, par une fuite de vos principes, réduite à deux cent navires au plus, car il ne nous refte à porter que des vins, des toileries, des beurres, des lards & quelques autres comeftibles : & nous ne devons pas efpérer de commerce de fret. Les Étrangers, auxquels il faudra payer les fournitures qu'ils auront faites, enleveront néceffairement les denrées, puifque les firops & les taffias ne font pas d'une affez grande valeur pour acquitter le Colon : & vous n'allez pas tarder vous-même à le dire : conféquemment le commerce de fret deviendra prefque nul pour nous.

Vous avez bien fenti, Monfieur, que cette perfpective étoit accablante pour le commerce ; mais pour confoler les Armateurs & encourager les Fabriquants vous ajoutez bien vîte, que les Étrangers feront leurs retours en marchandifes d'Europe, parce qu'elles font quelquefois aux Colonies *à plus bas prix que dans la Métropole.* Il faut convenir que cette confolation n'eft pas agréable : & je plaindrois beaucoup la Métropole fi elle ne pouvoit faire de ventes aux Anglo-Américains que dans fes Colonies & à de pareilles conditions.

Vous n'avez pas pu vous diffimuler, Monfieur, tous les inconvénients qui pouvoient réfulter d'une occafion plus facile & plus multipliée de faire la fraude : mais vous nous raffurez en nous difant que les Anglo-Américains fe bornant *à la libre importation des farines & falaifons Américaines*, ne chercheront point à introduire des marchandifes en fraude, *parce que la vente leur en importera moins ; puifqu'elles ne feroient qu'en feconde mains, telles que les toiles & autres marchandifes manufacturées, que ces peuples feront pendant long-tems obligés de tirer d'Europe.* Vous vous fondez vraifemblablement fur cette raifon que les marchandifes en feconde main ne leur donneroient point de bénéfice : mais vous voilà encore en contradiction avec vous-même, car dans votre réfutation de l'Auteur du *Précis*, vous avez reproché aux Armateurs de la Métropole de faire expédier par Dunkerque des marchandifes de fabrique étrangere pour les Colonies : fi ce commerce fe fait, il donne donc du bénéfice : conféquemment les Anglo-Américains pourront le faire, & ils le feront : les Irlandais, les Anglais & les autres peuples auxquels nos Colonies font ouvertes par l'Arrêt du 30 Août, pourront auffi tenter la contrebande, parce que d'ailleurs tous ne trouveront pas affez de reffources *dans le commerce licite*, pour ne s'en tenir qu'à l'importation des marchandifes permifes.

Page 10, in-4°.

C'eft à préfent, Monfieur, que vous allez nous confier que les firops & taffias n'étant pas fuffifants pour payer les Anglo-Américains, il faudra bien les payer en denrées. Vous avez au moins la bonne foi de tout dire, & vous ne nous cachiez rien. Mais encore une fois parlons bas, car le Miniſtre pourroit nous entendre, & ſa dépêche du 13 Novembre aux Adminiſtrateurs des Colonies nous prouve qu'il n'eſt pas dans la confidence. *On peut bien ſuppoſer*, dites-vous, *que ce n'eſt pas en Europe qu'ils viendront acheter les ſucres & caffés néceſſaires à leur conſommation* : & vous ajoutez une phraſe bien étonnante, *& il faudra bien encore ici céder à la néceſſité pour empêcher le mal d'être extrême.*

Dans quel pays tenez-vous un pareil langage, Monſieur ? Dans une ville où vous rencontrez peut-être chaque jour un des braves combattants à qui les États-Unis doivent leur liberté : Penſez-vous que les Noailles, les la Fayette, les Rochambeau, les d'Eſtaing, les Suffren, dont la valeur infatigable a fait prononcer l'indépendance, ſouffriroient que pour prix de ce bienfait, le plus beau ſans doute qui puiſſe être accordé à une Nation, les Anglo-Américains oſaſſent, contre la volonté de la France leur bienfaitrice, partager un commerce dont elle eſt la ſouveraine ? Croyez-vous que les Français verroient de ſang-froid un peuple qu'ils ont fait libre, oublier les devoirs de la reconnoiſſance & uſurper leurs droits dans leurs Colonies ? *Il faudra bien céder à la néceſſité*, dites-vous : & c'eſt ſous les yeux de la Nation la plus jalouſe de l'honneur qu'on ſe permet de tenir un pareil langage & de l'imprimer ! Ah ! Monſieur, ſi la France ne peut pas empêcher l'Anglo-Américain de partager ſon commerce, que de reproches nous aurions un jour à nous faire d'avoir rendu cette Nation libre !..

Non, Monſieur, nous n'aurons pas briſé les fers d'une Nation pour nous laiſſer impoſer des loix par elle dans nos Colonies : & nous ne dépendrons pas d'un peuple dans la même partie du monde où, ſans nous, il ſeroit encore plutôt l'eſclave que le ſujet de ſa Métropole.

Nos Colonies ſeront ouvertes à l'Etranger, ſi l'Adminiſtration laiſſe ſubſiſter l'Arrêt du 30 Août. Mais en le révoquant elle n'a rien à craindre, & en le laiſſant ſubſiſter elle a tout à redouter. La fidélité & l'honneur des Colons nous raſſurent dans le tems où nous ſommes : mais le changement de régime peut changer un jour l'eſprit de ces mêmes Colonies dans la génération future : *C'eſt alors que le mal pourroit devenir extrême.* C'eſt ici, Monſieur, que vous vous montrez tout entier, & que votre ſyſtême paroît dans tout ſon jour, puiſque vous ajoutez que vous ne croyez pas qu'*il y ait lieu à regrets raiſonnables relativement à la néceſſité* d'accorder aux Anglo-Américains l'exportation des ſucres, cafés, &c, &c.

1°. *Parce qu'on ne craindra pas que l'approviſionnement néceſſaire au Royaume ſoit compromis par les exportations des Américains.*Page 31, in-4°.

La Métropole conſomme à peine le tiers des denrées de ſes Colonies. Il ſeroit bien ſingulier effectivement que poſſédant les plus riches Colonies, nous fuſſions obligés d'avoir recours aux Étrangers pour nous completter la proviſion des denrées néceſſaires à notre conſommation.

2°. *Parce que cet approviſionnement direct étant aſſuré, le ſurplus de nos denrées des Iſles pris en nature & ſous le*Page 31, in-4°.

premier aspect n'est plus pour nous d'aucune utilité, &c, &c.

Cet excédent de nos consommations est de 100 millions au moins dont l'Étranger nous est tributaire, parce que c'est dans les Ports de la Métropole qu'il vient le chercher : & ce n'est que par cette exportation à l'Étranger, que le prix peut nous en être payé & versé dans toutes les classes de l'État, *& distribué à tous autres ayant occupation dans le Royaume pour l'approvisionnement de nos Colonies.*

3°. Parce que les Anglo-Américains ne pourroient multiplier ces exportations sans finir par avoir un commerce passif avec nos Colonies, dont toute la richesse revient définitivement à la Métropole.

Bien loin de faire un commerce passif, ils feront un commerce très-actif, parce qu'ils voitureront dans tous les Marchés de l'Europe les denrées de nos Colonies, & qu'ils feront un commerce de fret & une navigation immense.

4°. Enfin parce que si les exportations des denrées de nos Isles restoient bornées aux seuls sirops & taffias, il en résulteroit dans les autres parties une contrebande immense, au préjudice des droits du Roi, indépendamment du dommage bien plus considérable que l'Étranger, en commerce clandestin, feroit à nos Fabriques, par le versement dans nos Isles des marchandises dont l'Amérique libre sera désormais l'entrepôt pour les Navigateurs interlopes.

C'est ce que toutes les Chambres de Commerce ont représenté, Monsieur : & l'aveu que vous en faites publiquement ici, en est une confirmation bien authentique.

Cependant vous avez eu sûrement connoiſſance de la dépêche du Miniſtre aux Adminiſtrateurs des Colonies, & le Miniſtre ſe flatte que les précautions qu'il recommande empêcheront la contrebande : vous convenez que l'exécution de ces précautions eſt impoſſible, & ce témoignage de votre bouche eſt d'un grand poids dans cette affaire.

Vous avez prévu, Monſieur, que de tout ceci il devoit naturellement réſulter une grande navigation moindre pour la France ; mais j'admire comme votre imagination va au-devant des objections que vous prévoyez devoir vous être faites : & vous répondez d'avance qu'il n'en réſultera point de déſavantage.

1°. *Parce que l'utilité de la navigation eſt ſubordonnée à celle du commerce.*

2°. *Parce que la navigation dans les mers de nos Colonies détruit au moins autant de Matelots qu'elle en forme : & qu'il ne faut chercher l'entretien & le progrès de nos forces navales que dans la pêche & le cabotage.*

Ces deux raiſons ne ſont pas victorieuſes, & ce n'eſt pas votre faute, parce qu'il eſt difficile d'en donner de meilleures, quand les principes ſont erronés. L'utilité de la navigation eſt ſubordonnée au beſoin qu'une Nation quelconque peut avoir d'une Marine : ainſi la France qui a des poſſeſſions dans les deux Indes, a beſoin d'une puiſſance maritime pour les défendre & les conſerver : elle ne peut avoir de puiſſance maritime ſans avoir une grande navigation : ſi ſes objets d'exportation diminuent, ſa navigation doit diminuer dans la proportion :

& sa puissance maritime doit conséquemment s'affoiblir. Une Nation qui auroit beaucoup de Colonies, & qui y feroit très-peu de commerce, auroit néanmoins besoin d'une grande Marine pour protéger & défendre ses Colonies, si elle vouloit les conserver : l'utilité d'une navigation est donc en raison du besoin qu'une Nation peut en avoir, relativement à ses Colonies : mais comme une grande Marine telle qu'il la faut pour conserver des Colonies éloignées, est |d'une dépense très-considérable, il faut gagner cette dépense par un grand commerce ; autrement les Colonies seroient à charge : c'est ce qui arriveroit à la France, si elle abandonnoit à l'Etranger l'exploitation de ses Colonies.

La seconde raison est encore moins concluante, parce qu'on ne peut affoiblir la navigation aux Colonies, sans affoiblir la pêche & le cabotage ; c'est la première, qui alimente & vivifie les deux autres. Je veux bien convenir avec vous, qu'en général la navigation aux Indes est moins saine que celle du cabotage & de la pêche ; mais il en est de certaines navigations comme de certaines professions ; il est des arts destructifs de l'humanité, & pourtant on les professe. Les armées dépeuplent les campagnes, cependant il faut des Soldats, & on permet les recrues : la mer, les naufrages, le mélange des Peuples, & la corruption des mœurs, suite de la communication réciproque des Nations & de leurs vices ; toutes ces causes morales & physiques détruisent des Matelots ; mais il faut des escadres : si le commerce des Indes est un peu plus destructif, il fournit en revanche des moyens pour les

autres

autres navigations, & il les alimente. La fourniture de la morue aux Colonies peut entretenir cent navires à la pêche, & occuper tous les ans six mille Matelots; l'Arrêt vient de les anéantir; le transport de cent mille bariques de sucre & de cinquante millions de café de nos Ports dans toutes les mers, depuis le Pont-Euxin jusqu'à Archangel, peut nous procurer un cabotage immense; & vous nous retirez ces objets d'exportation, en nous disant *que le surplus de notre consommation en denrées de l'Amérique, ne nous est plus d'aucune utilité;* & vous nous ajoutez encore, *quel inconvénient pourroit-on trouver à céder à l'Etranger une navigation nuisible, ou au moins de médiocre utilité, sous-des conditions qui nous mettroient en état de donner des encouragements à une navigation meilleure?* Ainsi, vos principes même nous ôtent tout moyen de cabotage, au même moment où vous allez l'encourager: tâchez d'être d'accord avec vous-même. Si le commerce des Isles *a levé un impôt sur les forces navales; si le commerce maritime leur doit de grandes restitutions;* comment les acquitterons-nous, si nous ne pouvons avoir de cabotage, & si nous sommes réduits pour la pêche, à notre consommation intérieure? Puisque vous convenez vous-même que ces *restitutions* ne peuvent être *acquittées* que par l'augmentation de notre pêche & de notre cabotage.

Page 31, in-4°.
Page 32.

Page 32.

Je vous demande bien pardon, Monsieur, si je vous fais appercevoir combien dans cette discussion vous avez été souvent en discussion avec vos principes; & je crains que cela ne vous fatigue.

H

Quoique cette lettre foit déja fort longue, j'ai encore un engagement à remplir avec vous : j'ai promis de développer une idée que je n'ai fait que jetter en paffant & en pièces, pour ainfi dire, il faut que je la déroule & que je vous la déploie. Il étoit queftion du cabotage, à l'occafion duquel je vous difois qu'il étoit des circonftances, où, pour faire un commerce plus profitable, il ne falloit pas ambitionner de faire tout celui que la nature des chofes fembleroit nous permettre de faire. Nous avons beaucoup de vins, d'eaux-de-vie, de fucres, de cafés, à charger pour le Nord : mais la plûpart de ces marchandifes font expédiées pour le compte des Etrangers, qui les font acheter dans nos Ports, & qui préfèrent les navires de leur pavillon pour les faire venir. Le fret qui eft à meilleure compofition, l'affurance qu'ils obtiennent peut-être à meilleur compte ; & par-deffus tout, la confiance en leurs hommes de mer, plus pratiques de leurs côtes, que les Français ne peuvent l'être ; voilà bien des raifons pour donner la préférence à leurs nationaux, à notre préjudice. Le bénéfice qui réfulte de cette navigation pour l'Etranger, augmente fes moyens de confommation, & nous l'enrichiffons d'un côté, pour qu'il dépenfe de l'autre. Nous pourrions certainement faire un acte comme l'Angleterre en a fait un en 1651, pour défendre l'exportation des denrées territoriales, fur tous autres navires que ceux de la Métropole ; mais qu'arriveroit-il de cet acte ? Les Nations du Nord promulgueroient les mêmes défenfes, les navires n'auroient plus de retour ; le fret conféquemment doubleroit pour l'aller, & le commerce ne fe feroit plus avec cette réciprocité qui fait que toutes les Nations gagnent : nous porterions nos vins, nos eaux-de-vie, nos fucres ; mais nous ne pourrions point charger dans le Nord les chanvres, les fers & les bois dont nous avons befoin pour notre Marine : nous ne devons pas trop appauvrir les Nations du Nord & maritimes, par la raifon que nous faifons un commerce de luxe, & que pour avoir de grandes confommations, il faut bien laiffer aux autres Nations les moyens de nous payer ces confommations. Si vous ne leur faites rien gagner, vous aurez des denrées ou des marchandifes en fuperflu ; vous perdrez d'un côté ce que vous aurez tenté de gagner de l'autre, car un cabotage univerfel feroit impraticable. Cependant, Monfieur, le commerce rend graces au Miniftre, des encouragements qu'il a donnés en dernier lieu pour le commerce des mers du Nord & de la Baltique ; mais ces encouragements font peut-être encore infuffifants : ils ne réuffiront, que lorfqu'on aura débarraffé la navigation de certaines entraves qui fubfiftent encore ; un jeune arbre croît lentement, fi dans le commencement il eft gêné par des voifins qui dévorent la majeure partie de la sève deftinée à fon accroiffement, il a toutes les peines du monde à s'élever ; fes progrès font tardifs ; mais fi l'habile Cultivateur écarte les ronces & les épines qui pourroient l'étouffer, l'arbufte débarraffé de toutes ces plantes parafites, profite alors de toute la sève que lui prodigue la nature : il s'élève, & bientôt, couronnant fa tête de feuilles, il couvre le terrein qui l'a nourri, de fon ombrage délicieux. De même, Monfieur, il viendra un temps où le cabotage Français fleurira à son tour, mais il faut employer tous les moyens propres à le faire prospérer ; & la conservation du commerce entier des Colonies, est encore de tous ces moyens, le plus grand & le plus indispensable.

Permettez-moi présentement, Monsieur, de résumer tout ce que vous avez dit dans votre Brochure ; & de vous répéter ici presque mot pour mot, le langage que vous faites tenir à l'Anglo-Américain Français ! « Vos Colonies » ont besoin de bœufs, de morues & de farines : vous leur » avez fourni jusqu'à présent ces comestibles, mais vous » les vendez trop chers. La fourniture des bœufs doit » être à moi, parce que vous les tirez d'Irlande, & quoi- » que vous les payez avec vos vins, *vous agissez pour* » *la fortune d'une Nation rivale*, & il est plus juste que

Page 25.

» vous m'enrichissiez ».

» La fourniture des morues m'appartient aussi, parce » que je la pêche chez moi : je peux la vendre à vos » Colonies à plus bas prix, & vous irez chercher ailleurs » le débouché de votre pêche ».

» La fourniture des farines est encore un droit que vous » ne pouvez me disputer, parce que la sortie des bleds » pour l'Etranger est défendue chez vous, & vos Colonies » doivent être considérées comme *Etrangeres* ; vous ne

Page 25.

» devez point y porter de farines ».

» Vous vous plaignez que la navigation à vos Colonies » tue vos matelots : cette même navigation fera vivre les » miens. *Composons ensemble*, vous prendrez seulement » votre provision de sucre & de café, & je me charge

» de tout le superflu *qui n'est plus pour vous d'aucune utilité:* Page 31.
» je vous promets d'en approvisionner toute l'Europe ».

» Telle est la composition qu'il est nécessaire que nous
» fassions : elle est *d'une convenance merveilleuse* à vos Colo-
» nies , *pour la nourriture des Noirs* & pour moi, & Page 24.
» vous ferez bien de l'accepter *pour empêcher le mal* Page 30.
» *d'être extrême.* Consentez à mes conditions, *pour éviter* Page 27.
» *pis,* parce que le commerce que j'y ferois *sans per-* Page 26.
» *mission, s'y feroit sans frein & sans regle, & que j'y*
» *porterois une grande quantité d'autres marchandises dont*
» *le versement dans vos Isles nuiroit infiniment plus à votre*
» *Royaume* ».

Je vous prie de me dire , Monsieur, si ce discours ne
ressemble pas un peu à celui de certain lion de la Fable,
& s'il est un Français qui pût l'entendre sans étonnement ?
Cependant voilà le résumé exact de votre système & le
résultat des *Vérités* que vous nommez *Elémentaires.*

Je sçais , Monsieur, qu'il est une grande maxime en
Politique : que les meilleures loix sont celles qui conviennent le mieux au tems & aux peuples pour qui elles sont
faites ; je sçais encore qu'il faut étudier *l'esprit de la loi,*
plus-tôt que *la lettre de la loi ;* que les meilleurs résultats
prouvent quels sont les meilleurs réglemens. Mais le
Commerce se flatte d'avoir démontré qu'il n'y a pas eu
de nécessité de changer les loix sous le régime desquelles
les Colonies n'ont cessé de prospérer. Au surplus , nous
écrivons sous les yeux de la Nation ; & nous écrivons
tous deux pour la conservation de la richesse nationale ;
nous avons dû séparer la cause du Colon & celle du

Commerçant de la caufe du Commerce : nous avons dû parler pour le plus grand intérêt de la Métropole ; c'eft à la Nation à juger lequel de nous deux a le mieux rempli la tâche qu'il s'étoit impofée, & quel eft enfin le meilleur régime du nouveau ou de l'ancien, & lequel des deux eft le plus propre à conferver à la Nation fon commerce, fa navigation, fa fplendeur, *fa profpérité*, fa population, & fur-tout fa puiffance maritime. J'efpere, Monfieur, que vous n'aurez pas à me reprocher d'avoir manqué aux égards que des citoyens honnêtes fe doivent toujours, je n'impute point à votre cœur quelques erreurs de votre efprit, & fi je me trompe dans quelques-unes de mes opinions, je vous protefte que je fuis de la meilleure foi du monde. Je défire que vous me faffiez l'honneur de répondre, & que cette difcuffion *de grande difcorde & d'importance majeure*, (comme vous l'appellez vous-même) foit portée au Tribunal de la Nation qui nous lit ou nous entend.

Affez & trop long-tems peut-être le Bureau de la Marine à Verfailles a retenti des éternelles demandes des Colons, & des plaintes continuelles des Armateurs de la Métropole. Les Miniftres de Sa Majefté ne peuvent qu'être fatigués de cette lutte perpétuelle.

Il y a eu de tems en tems quelques incidents de jugés, mais le fonds du procès exifte : il demande un Jugement folemnel, irrévocable. Des Députés du Commerce font prêts à plaider fous les yeux du Miniftre les intérêts de la Métropole & la caufe du Commerce : les loix conftitutives des Colonies feront leur force : les Edits de nos

Rois, les Réglemens, les Ordonnances, les Arrêts ren-
dus depuis un fiécle & plus, formeront un faifceau d'armes qu'ils défient leurs adverfaires de pouvoir rompre :
les grands motifs fur lefquels font appuyées les loix prohibitives font toujours les mêmes, & toutes les circonftances concourent à dépofer que s'il fut jamais un tems où
ces loix dûffent être en vigueur, c'eft au tems où nous
fommes ; parce que la France a des précautions à prendre
non-feulement contre les Nations jaloufes de fon Commerce, mais encore contre de nouveaux Alliés. La génération préfente nous eft garante de la fidélité de ces derniers ; mais qui nous répondra de celle des générations
futures ? L'ambition qui ne refpecte rien, la cupidité qui
aveugle, l'intérêt qui fait ofer, & fur-tout le tems qui détruit, n'ont que trop fouvent effacé du fouvenir *des Peuples le nom* de leurs libérateurs & la mémoire de leurs
bienfaits.

F I N.

9 782013 437479